LÉON BORDE

En passant...

(IMPRESSIONS LYONNAISES)

ÉDITION DU *TOUT LYON*

1904

A QUI JE SAIS,
je dédie ces quelques pages.

L. B.

En passant...

LÉON BORDE

En passant. . .

(IMPRESSIONS LYONNAISES)

ÉDITION DU *TOUT LYON*

1904

PETITS RENTIERS

Rasés de frais, tirés à quatre épirgles,les habits bien brossés et les souliers reluisants, ils vont doucement, les petits rentiers, le long des quais, sous les ombrages des squares ou dans les allées du Parc, souriant au soleil...

Ils sont bien vieux déjà, bien ridés ; leur marche, aidée par la canne, est à la fois lente et saccadée ; mais ils sont heureux, heureux de vivre l'heure présente qui est douce et exempte d'amertume sinon de mélancolie.

Leur existence s'achève, régulière et monotone, dans une tiédeur tranquille et reposante dont s'accommode fort leur philosophie paisible et résignée qui n'est point dépourvue de quelque grandeur.

Ils sont silencieux et contemplatifs, non indifférents.

Durant de longs instants, accoudés sur les balustrades, ils regardent les joueurs de

boules, se passionnent pour la partie, applau-
dissant d'un sourire, critiquant d'un hoche-
ment de tête, muets, isolés, inaperçus de
tous.

Longtemps, sur les bancs des promenades
ils restent, songeurs. Parfois leur regard,
amusé et attendri s'attarde sur les bébés jolis
qui, tout menus, sous de grands chapeaux,
piétinent le gravier des allées ou confection-
nent, graves et attentifs, de fragiles « pâtés »
de sable et leurs doigts tremblottants aiment
la fraiche caresse des joues rosées des bam-
bins.

Aussi bien, ils admirent la jeunesse, la
beauté. Volontiers ils se retournent longuement, intéressés par un frou-frou de femme.

Et, une lueur dans l'œil, ils adressent un
sourire paternel et complice au jeune couple
qui passe sous le feuillage, cherchant l'ombre...

Toute chose, pour eux, évoque une sensa-
tion, appelle un souvenir et, s'il vous arrive
de rencontrer l'un d'eux, debout, immobile,
les yeux perdus, saluez, jeunes gens, car c'est
toute une vie qui défile avec ses joies loin-
taines et ses tristesses passées ; c'est un tas
de petites choses effacées à jamais, revécues
un instant dans le charme d'une acuité presque douloureuse — et tendre.

Et, tandis que le ciel, là-bas, resplendira
du rose embrasement des soirs, il s'en ira
tout-à-coup, le vieux petit rentier bien

brossé et bien ciré, un peu plus hâtif, un peu
plus courbé, en aspirant, d'un geste nerveux,
une prise de tabac ; une bonne prise, bien
grosse, bien forte... pour ne pas pleurer
peut-être...

Juillet 1903.

LES GOSSES

Je me suis attardé, tantôt, devant les
gosses, qui, sur le quai, jouent, sous
l'œil du maitre, à l'heure des récréations.

Ils sont drôles les gosses; ils ont un
petit minois futé, des traits imprécis encore,
des yeux vifs et des cheveux bouclés; ils
sont pâlots, graciles et menus : jolis tous.

Ils courent, se poursuivent, criant leur
joie, leur insouciance et, de plaisir, leurs
joues se colorent.

Leur petit corps délicat, jamais ne se
lasse et, s'ils s'arrêtent et vous regardent,
ils ont un gentil petit air crâne les gosses,
avec leur béret sur l'oreille, leur cravate
claire, flottante et leurs mignons mollets
nus.

Ils jouent... aux billes ? à la toupie ? à la
« tape » ?

Mon Dieu, non ; car ils sont de leur
temps et trouvent que les vieux jeux sont

bien « vieux jeu » : Ils jouent au concours hippique, piaffent, hennissent et s'admirent ; à l'automobile, où il faut être deux : le chauffeur, pif, pif ! et l'écrasé ; et aussi — je l'ai vu, je vous jure — ils jouent à l'expulsion ; amusement peu compliqué : il s'agit, à trois ou quatre, d'enlever d'un banc un moutard qui s'y cramponne... et de l'envoyer rouler à terre.

Et, tout près de moi, ils étaient deux jouant à la politique : le plus grand, c'était le socialisme (!) et l'autre, c'était la réaction (!!). Durant un instant, gravement, ils discutèrent.

Que vous dirai-je ? Bientôt, la chétive réaction, les yeux en pleurs, la tête contre un arbre, parsemait le sol de gouttelettes rosées échappées de son petit nez fluet endolori.

Drôles, les gosses...

Juin 1903.

CROQUE-MORTS

On veut supprimer les « croque-morts »,
je le déplore.

Les croque-morts, en effet, sont peut-être
les derniers citoyens inspirant encore quelque respect.

Quand, dans un quartier, ils paraissent,
noirs, graves et pensifs, de leur pas cadencé,
l'un portant le brancard, l'autre le drap
funèbre, d'instinct, autour d'eux, les voix
s'abaissent et les enfants, serrés les uns contre
les autres, les considèrent, craintifs et inti-
midés.

Eux, silencieux, râpés et cirés, assis sur le
bord du trottoir, attendent sans impatience,
en « en bourrant une » ou mâchonnant une
« chique ».

Ils sont l'image salutaire de la mort ; une
image de la mort presque familière, à la
portée de tous, vivante, tangible, avec une
pipe...

Ils sont peu communicatifs, les croque-
morts ; que voulez-vous ? ils ont tellement
porté en terre de « regrettés défunts »,
d'« honnêtes citoyens », « de bons pères de
famille », d'« hommes de bien » et d'« épou-
ses fidèles », qu'ils sont naturellement mé-
fiants vis-à-vis de ceux qui restent.

Le coudoiement journalier de la mort
leur a inculqué une philosophie un peu spé-
ciale, forte et douce, sinon souriante, et, si
cette philosophie consent volontiers à se
retremper dans quelques verres de vin, n'y
voyons point mal et disons-nous qu'autant
que celui de la vie, le fardeau de la mort
pèse lourd sur l'épaule...

*
* *

Ainsi devisais-je, en cheminant vers la
demeure d'un de ces sombres valets de la
mort, pour prendre avis sur sa fin pro-
chaine.

Là-bas, près du chemin de fer, derrière
une pallissade, je le vis, rougeaud, gras
et débonnaire, dans son maigre jardin où
prend racine un poteau télégraphique. Il
avait troqué son chapeau de crêpe contre
un grand panama et puisait de l'eau à une
pompe qui n'avait rien de funèbre.

A la plaque étincelante de son habit luisant à l'épaule, une marguerite penchait,
balancée par une abeille.

Il chantait, tandis que la fumée de son
« brûle-gueule » s'élevait, pareille à celle
d'un brûle parfum :

> J'aime les violettes,
> Muguets et paquerettes,
> Fleurs des bois, fleurs des prés,
> Dont la grâce couronne
> Le front de ma mignonne,
> Et ses cheveux dorés !

Puis il arrosait ses laitues, d'un geste vaste,
ainsi qu'on asperge un cercueil.

Tout près de lui, étendues sur une corde
entre deux échalas, des chaussettes rouges,
le bec ouvert, riaient largement au soleil.

Le prestige s'évanouit et je compris
qu'une de mes illusions s'en allait encore —
emportée par les derniers croque-morts...

Avril 1903.

COIN DE BANLIEUE

QUELQUES rares bicoques, basses, grisailles, difformes, comme affaissées sous leurs toits bossués ; puis des palissades, planches inégales, disjointes, maculées par l'ordure, contre lesquelles des lambeaux d'affiches aux teintes effacées et décollés à demi, pendent, lamentables. Un mur, dont le sommet et les extrémités s'effondrent et, tout au bout, un réverbère primitif, poteau de bois grossier, barbouillé de bleu, dont la lanterne se penche, veuve de verres, amusement d'un soir de quelque oisif rôdeur.

Contre le trottoir que, seuls, des blocs de boue séchée indiquent, une femme accroupie, vieille, fatiguée, butine un tas de mâchefer tandis que, près d'elle, dans un mouchoir à carreaux — linge ignoble et déchiré — le combustible s'amoncelle, aubaine inespérée.

Plus loin, des marmots couverts de loques trop vastes, la chemise frangée, hors la culotte, les jambes nues, grêles sous la crasse, la tignasse éparse, jouent tristement à des jeux mornes ; traînant au bout d'une ficelle dix fois ajoutée quelque innommable débris de batterie de cuisine, ou simplement vautrés parmi la crotte, silencieux, le doigt dans leur nez sale.

En face, c'est l'immensité d'un terrain vague, d'où, de-ci de-là, émerge un arbre malingre et apeuré.

Des silhouettes voûtées de voyous blêmes, errent, les mains aux poches, le mégot éteint collé à la lèvre et, fouillant goulûment dans des immondices sans nom où des cadavres de chats finissent de pourrir, un chien maigre et honteux, cherche sa vie.

Là-bas, dans le lointain, c'est le fourmillement de la ville, deviné. Des toits se dessinent ; de grandes cheminées surgissent de la régularité des bâtiments d'usines, des vapeurs s'élèvent, une buée de vie monte lentement dans le ciel rouge.

Plus proches, se dressent les carcasses hautes et blanches de maisons neuves, inachevées et l'on a l'impression de quelque géant qui s'avance, avide et féroce, culbutant tout, et qui, bientôt, engloutira toute cette saleté et toute cette misère.

Et c'est là que, mélancolique, assis sur l'herbe jaunie et clairsemée, entre un vieux soulier et un tesson de bouteille, j'ai cueilli, quelque jour, la première violette...

Avril 1903.

SOIR DE DIMANCHE

C'EST la nuit presque. Tout autour du kiosque de la station, des gens se pressent. Chapeaux blancs, corsages clairs, gibus dominicaux; gilets ouverts et paniers vides, d'où, seuls, des goulots de bouteilles saillent.

De la lassitude, de la poussière et des lilas.

Deux beuglements de corne, grinçants et stupides, puis, lentement, le tram s'approche, bête avec sa carcasse vide.

Derrière, le troupeau se rue ; c'est une chasse, une bousculade et, dominant la rumeur, une voix brève, impolie, mécanique :

— En voiture ! devant, dessus, en première !

Alors ce sont des cris, des appels, tandis que la sonnerie du compteur, tinte, régulière :

— Gustave ! Jules ! — Montez ! — En voi-

ture. — Avancez ! — Adélaïde, tu as le panier ? — Pardon, je suis avant vous. —
Malhonnête ! — Et la petite ? — Marie !
Marie ! — Devant, dessus, en première ! —
Allons, tu y es ! — Paul, où êtes-vous ? —
Vous portez l'enfant ? — Prends garde à
ton bouquet. — Maman ! Maman ! — Dessus et en première. — Au revoir ! — Vous
n'oubliez rien ? — Dis à Charles de venir.
— Dépêchons, dépêchons ! — N'écrase pas
le pâté. — Quand reviendrez-vous ? —
Avancez ! — Ne poussez pas ! — Quand
vous aurez fini, Monsieur. — Joséphine, et
ton collet ? — Ah ! mon Dieu ! je suis
accrochée ! — Hé ! la belle-mère, c'est com-
plet ici, montez là haut. — Mince de mollets ! — Insolent ! — Fourneau ! — En première seulement. — Attention, j'ai des cors
— Papa, as-tu le parapluie ? — Plus que
des premières. — Adieu, Joseph ! — Bon-
jour à la tante. — Trois places. — Nous
sommes quatre. — Vous n'êtes pas gentil.
— C'est complet ! — Ben de quoi, et bibi ?
— Com-plet ! — Va donc, crapule ! — Ivro-
gne ! — Feignant ! Descends-donc si t'es
pas un lâche !

Mais le tram file, lointain déjà, avec ses
soubresauts et ses grondements, et de l'im-
périale des voix s'élèvent qui, bientôt, de-
viennent perceptibles à peine :

Deux canards, déployant leurs ailes,
Coin, coin, coin!...

Longtemps, le bon poivrot, resté seul, flageolant et hébété, la veste sous le bras et la ceinture rouge pendante, le fixe et, lorsque le monstre n'est plus qu'un point lumineux, d'où quelques éclairs jaillissent, dans la nuit, il menace, le bras vaguement tendu :

— Sales bourgeois, va !...

Mai 1903.

REPAS DU SOIR

C'ÉTAIT dans un de ces petits « bouchons »
que fréquentent les cochers de fiacre.

ON SERT A LA CARTE
et
A LA PORTION
Soupe à toute heure

Sur les tables au linge rare, les doigts
laissent trace, les ronds dessinés par les verres
et les « pots » s'entremêlent, mais la portion
est abondante et le pichenet agréable :
deux choses fort appréciables, en vérité.

Ici, le bœuf nature, les pommes sautées et
le fromage fort triomphent tandis qu'au
mur, entre l'affiche blanche de la loi sur
l'ivresse et un diplôme de joueur de boules,
Loubet et Nicolas, en une imagerie criarde
s'étreignent fraternels.

Ce soir, l'heure étant tardive, deux clients
seuls, face à face, étaient attablés.

4

Tranquilles sur le sort de leurs bêtes, qui, à la station proche, somnolaient, les jambes courbées, le museau enfoui dans un sac baveux et vide, les deux hommes se restauraient avec béatitude.

L'un, grand sec, parcheminé, le cou long, à la pomme d'Adam saillante émergeantdu col bas d'une chemise de couleur, sans cravate, le chapeau de cuir bouilli derrière la tête, les cheveux huileux et clairsemés, se penchait, le nez presque sur l'assiette, et avalait lentement son « potage » dont les longues filandres de gruyère s'embarrassaient dans sa moustache incolore et tombante.

Son compagnon, énorme, courtaud, écarlate, les cheveux blancs épars, embrousaillés était rigolo etbonnasse, avec de petits yeux verts et unetrogne imposante, parsemée de bourgeons que les intempéries des saisons et aussi le picolo avaient barriolés des nuances bizarres et flamboyantes des crépuscules. De petites lignes bleuâtres ou violacées s'y entrelaçaient ininterrompues.

Réjoui, dépoitraillé, il étalait sa joviale bedaine.

Malgré que la température fut clémente, un immense cache-nez aux couleurs incertaines pendait le long de sa chaise. Près de lui, sur la table, un vieux chapeau de paille déformé et une « bouffarde » juteuse et noire voisinaient la moutarde.

De ses doigts, courts et gros, coupés par

les rênes, il taillait son pain en tout petits morceaux qu'il faisait ensuite longuement baigner dans la sauce blanche.

— Hé ! patronne, encore deux sous de pain et un litre !

Avec le « légume », le rôti et la rigote, le repas s'acheva sans hâte, dans le silence.

Un troisième litre fut vidé, puis les pipes soigneusement bourrées, obscurcirent d'un brouillard grisâtre la clarté du bec de gaz.

Enfin le gros lâcha une bouffée et se décida :

— Ça a-t'y roulé ? demanda-t-il d'une voix grasse.

— Hum ! fit l'autre après avoir craché à terre, trimballé deux tourtereaux... au Parc... deux heures.

— Purée, hein ?

— M'en parle pas... des mômes.

— J'sais, sales clients... Plus rien à f...iche dans ce patelin.

— Perrache ne « donne » plus...

— Ni Bellecour... c'est la misère... On boira ben un aut'litre ?

— C'est coûru... Et toi t'as « chargé » ?

— J'ai écopé. Un colis pour l'Hôpital... qu'a saigné partout, sur la banquette.

— Un salaud !

— Peuh !... C'est la particulière du jeudi qu'a essuyé...

— Ah ! oui la payse qui... c'est rigolo !...

— C'est la vie !... Faut pas chiner... Une femme du monde...

— Ah ! la, la !... C'est comme moi, j'ai ben charrié encore le père Chose, tu sais ?

— Le décoré ?... Y va toujours là-bas?

— Tu parles !

— Ah ! Ah ! Ah !

Et le vieux ayant rempli les verres, rit bruyamment en se tapant sur la cuisse.

— Je te fais l' café.

—Ça colle !... Ah ! Ah ! les bourgeois !

— Avec le marc ?

— Turellement !

Un « cinq cents » interminable commença avec des cartes graisseuses et cornées aux angles. Après le marc on but le rhum, puis autre chose et enfin un nouveau litre pour entrainer le reste...

Péniblement ils se levèrent pourtant et s'étirant et titubant quelque peu, se dirigèrent vers la porte.

— Tout de même, fit le grand, le chapeau de travers, la veste au bras, l'œil vague et la langue pâteuse, tout de même si qu'on dirait tout ce qu'on voit... dans le métier... ce qu'on sait...

— Ça c'est du... secret... professionnel... grasseya l'autre en bouclant avec peine la vieille bride qui lui servait de ceinture.

— N'empêche que... les bourgeois... c'est du propre !...

— Et c'est pour eux qu'on... crève de

faim ! lâcha le gros dans un hoquet sonore et prolongé.

Puis il sortit lourdement en chantant :

« Ma belle est douce et caressante » !...

L'autre, déjà loin, sur la place, beuglait, stupide dans la nuit :

— T'en as un œil ! T'en as un œil !...

Août 1903.

UNE PREMIÈRE AU PARC

Tout comme un académicien, le jour d'une solennité, le Parc endosse son habit vert pour la réception de Messire Printemps. Car Messire Printemps est, lui aussi, un immortel, un immortel d'une espèce un peu particulière : il meurt régulièrement et renaît avec la même régularité et ceci lui est une garantie contre la sénilité...

Donc la fête se prépare, des massifs de fleurs multicolores s'illuminent — fragments d'arc-en-ciel, éparpillés dans l'herbe — des chants d'oiseaux s'égrènent, là-haut, au sommet des places [réservées et les cygnes eux-mêmes, en songeant qu'ils jouent un rôle à cette cérémonie, se redressent orgueilleux et fiers.

Hier, dimanche, le public habituel de ces sortes de *premières*, commença à affluer, sur l'invitation du « brillant » secrétaire perpétuel, l'aimable M. Soleil,

Long fut le défilé de ces braves gens qui, béatement, les uns au dos des autres, à une allure d'enterrement, absorbent consciencieusement la poussière des allées.

Et moi, je sais des coins où, solitaire, à l'heure de la fraîcheur matinale, loin des ballons rouges, des pains d'épices, des nourrices, des chameaux et des tourlourous massifs gantés de blanc, il est doux de naviguer sur l'eau transparente des songes, sans entendre cet obsédant rugissement :

— La traversée du lac 10 centimes !

Mars 1903.

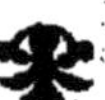

CHANTEURS DES RUES

ILS sont là trois, un grand diable, osseux,
dégingandé, glabre, sans âge ; un autre,
rond, courtaud, avec, sur son visage rasé,
une expression lamentablement joviale et,
au coin des lèvres, un pli profond disant les
déceptions, les misères et l'ironie aussi de
toute une vie. Puis leur compagne, grasse
et fanée, pâle et bouffie, vieille et jeune, dé-
formée, incertaine et imprécise comme eux,
avec un tablier rose et un chapeau où deux
fleurs se balancent, mortes.

Les hommes, eux, ont des vestons d'in-
décises nuances, d'amples cravates luisantes
et tordues ainsi que des cordes ; un, même,
est coiffé d'un haut de forme vague et terne.

Ils sont mystérieux, souriants et dignes ;
ce ne sont point des camelots : ce sont des
artistes.

Ils chantent et la foule s'assemble, les
environne, déversée par le pont voisin ;

échappée des magasins, des ateliers ; ouvrières nu-tête, un velours au cou, éveillées, rieuses mais vite attendries ; trottins et employées, élégantes, gracieuses et fines, la jupe retroussée d'un geste coquet, naturel, inétudié ; garçons bouchers les cheveux au vent, le large panier au bras ; apprentis coiffeurs, lissés, rosés, pomponnés, fleurant bon, empesés dans leur col montant haut et leur veste de toile blanche. Des gones, cartonniers, chasseurs, marmitons, télégraphistes et, encore, des militaires attentifs et graves, le regard lointain, la bouche ouverte.

— On va vous dire le deuxième couplet !

Les feuilles blanches circulent. Des auditeurs, à présent, la chanson en mains, accompagnent à mi-voix.

Alors le chant s'élève, inharmonieux et lent, doucement, stupide et tendre :

Un jour j'avais cru voir sur ta lèvre un sourire,
Dans tes yeux un éclair me disant d'espérer.
Insensé, je te crus, tu ne voulais que rire...

Maintenant, les chœurs improvisés s'enhardissent :

Et tu m'as pris mon cœur (*bis*) mais pour le dé-
[chi-i-i...

Soudain, c'est un remous ; dans une poussée les artistes s'évanouissent et l'agent paraît, muet et important, gêné pourtant de l'insuccès et des ricanements hostiles. Puis on se disperse, on s'éparpille en achevant, à part soi, le couplet traînard brutalement interrompu.

Et, le soir, plus d'une fillette, en se dévêtant là-haut dans sa chambre simplette, ou, songeuse, à la croisée ouverte, les yeux perdus sur les toits bleus, le fredonnera encore — le doux refrain sentimental — avec, au cœur, un petit serrement — et un espoir...

Juillet 1903.

AU « GRAND TROU »

En pleine Guille, près la place de la Vic-
toire, dans une cour en contre-bas, c'est là
le *Grand-Trou* — un grand trou pas cher —
le « Temple » de Lyon.

L'air n'y est point pur et les routes n'y
sont point larges. On y circule au milieu des
objets les plus hétéroclites et les plus impré-
vus : friperie, vieilleries, ferrailles, vieux
meubles, vieux habits, vieux chapeaux, vieux
souliers, vieux marchands, vieilles mar-
chandes et vieilles baraques.

Tout cela, par la chaleur, exhale une vieille
odeur de vieilles frusques et de vieille pourri-
ture. Cela pue — oui Madame — mais cela
est joliment pittoresque.

En des cahutes où les rayons du soleil
pénètrent entre les planches disjointes, les
boutiquiers, silencieux dans la poussière,
taillent, découpent, ajoutent, tapent, retapent
et ressemellent.

Les vêtements y foisonnent, encombrent les devantures, des *grimpants* cent fois rapiécés voisinent les paires de bas troués, affichés 15 centimes.

— Montez votre ménage à bon marché !

— Hé ! hé ! — je me retourne et examine l'étalage. A côté d'un immense volant de machine à vapeur, voici une échelle de cordes, un fauteuil percé, un panier à salade et le portrait du défunt Pape.

L'idée de me voir installé dans un ménage ainsi meublé réjouit longuement Varigny qui m'accompagne.

Lui, furette, fouille partout. Le vieux tringlot qu'il est, est hanté par l'unique idée de découvrir un ancien shako ou une trompette.

— Vous n'avez rien, la petite mère, se rapportant aux tringlots ?

La bonne femme cherche, bouscule des montres, des fourchettes, enlève une bicyclette, remue des nippes innommables, et revient portant une longue tringle...

Quel est ce vieux tableau ? C'est la marquise de Pompadour ! — Qu'elle me pardonne ! — Sa beauté s'épanouit entre un bonnet à poils et un monumental clysopompe et sur sa gorge quasi royale, une araignée velue se prélasse, semblant dire : l'Etat, c'est moi...

Voilà, un grand Napoléon, tout petit, en plâtre, avec le geste classique. Du haut d'une pyramide de vaisselle intime, il commande

une armée bizarre de tire-bouchons, da
peignes crasseux, de boutons de culottes et de
médaillons mortuaires. Quel désastre, mon
Empereur !

— Allons, mes petits, habillez vos dames !

— Faut voir, dit Varigny intéressé.

— V'là les nouveautés de la saison.

Et la commère, rouge, huileuse et forte
en gueule, nous apporte les « nouveautés »
enfouies pêle-mêle en un sac de linge sale.

Elle exhume un vêtement à carreaux, aux
basques immenses et flottantes, qui dut faire
fureur à l'époque où Napoléon III et l'Impé-
ratrice vinrent visiter le « Plateau ».

D'un même cri, involontaire et trois fois
répété nous saluons la réjouissante loque :

— Atchi !.. Atchi !...

Puis nous nous éloignons tandis que la
marchande nous lance une imprécation brève
et sonore à peine digne des vieilles pincettes
qui pendent tout près de là...

Allez au Grand-Trou, Madame, on n'y
respire point le jasmin ni la rose trémière,
mais cela est curieux et fort drôle et ; puis si
vous saviez combien on trouve le « beaujolais »
savoureux au retour !

Août 1903.

SUR LES FLOTS BLEUS

Sur la Saône, dans un canot amarré près de « l'Ile », les deux époux sont installés. Dès le matin ils étaient là et, doucement, la journée s'est écoulée, uniforme et morne.

Lui se tient à l'avant, le gilet ouvert, le col déboutonné, les manches retroussées, montrant les bras velus et maigres. Debout, immobile sous son large chapeau qui ombre son visage terreux et inexpressif, à la grosse moustache ni rousse, ni blanche, il tient sa ligne, guettant sans pensées, le petit frétillement espéré.

Elle, tout à l'autre bout, est effondrée, faisant s'enfoncer l'arrière de la barque. Plus jeune, certes, depuis... on ne sait pas ; toute de graisse molle, large d'encolure, d'épaules de tout...

Coquette encore, du rose à son chapeau de paille, du tendre au corsage largement échancré, où un bleuet se fane.

Abritée sous une ombrelle légère et pâle,

elle a lu durant des heures et des heures un roman sentimental et, à présent, bercée par la rivière, engourdie, sans gestes, elle rêve vaguement, assoupie presque...

Entre eux, au fond du bateau où l'eau suinte, gisent les restes du repas de midi : bouteilles vides, croutons de pain, papiers gras et noyaux de pêches. Puis la boite aux asticots et une autre où trois poissons minuscules tressautent encore, convulsés.

Lentement le jour a baissé, le ciel s'est rosé là-bas derrière la colline. En face la rive s'imprécise, légèrement estompée ; une mélancolie douce enveloppe toutes choses.

Elle, se sentant troublée et émue, contemple le ciel, la rivière, puis bâille longuement.

Lui. — Chut !

Elle. — Je ne fais point de bruit, mon gros.

Lui. — Tais-toi donc !

Elle. — Mais c'est toi qui parles...

Lui (agacé). — Assez !

Un silence.

Elle (timide). — Dis, loulou...

Lui. — Quoi encore ?

Elle (alanguie). — Tu vois bien que ça ne biche pas.

Lui — Ça ne biche pas, ça ne biche pas ; pas étonnant avec le bruit que tu fais !

Elle. — Mais, mon chou, je t'assure...

Lui (énergique). — Ferme !

Autre silence.

Elle, après s'être agitée pousse un gros soupir.

Lui. — Hé ! doucement ; tu vas nous faire chavirer !

Elle. — Le vilain méchant qui se moque d'une pauvre femme...

Lui. — Tu m'embêtes à la fin !

Elle. — ... D'une pauvre petite femme délaissée...

Lui. — Zut !

Elle. — ... Délaissée pour de sales poissons.

Lui. — ...

Elle. — Regarde donc le ciel.

Lui (éclatant). — Eh ! bien, quoi, le ciel

Elle. — Il est tout rose, le ciel.

Lui. — Fiche-moi la paix avec ton ciel... Je m'asseois dessus !

Elle (tendre). — Il ferait si bon rêver... à deux !

Lui. — Tu parles !

Troisième et long silence.

Elle (dans un long souffle). — Ernest !

Lui. — Hein ?

Elle pâmée). — Mon gros loulou chéri ; écoute... là... dis, veux-tu ?... dis-moi des choses... tu sais... des petites choses qui font plaisir...

Lui enfin décidé, posant sa ligne et prenant sa veste). — Oui, tiens ! Allons manger la soupe !

Juillet 1903.

JOIES DE CAMPAGNE

Quelqu'un m'avait dit : — Allez-y donc un jour, en vous promenant ; c'est très gentil et vous trouverez sur la route un petit endroit où l'on déjeune très bien et à fort bon compte.

Or donc, l'autre matin, j'y allai, longeant le Rhône ou la Saône ; les deux réunis peut-être...

Mon Dieu, cela est « très gentil » en effet. Cela s'appelle d'un nom qui se termine par *ain*, *ille* ou *y*.

« Cela », c'est quelques maisons blanches, grises ou roses ; quelques toits rouges et quelques toits sombres ; des volets jaunes et des volets verts.

Puis, s'élançant de cet amalgame de nuances, c'est un clocher, luisant sous le soleil et au sommet duquel il y a quelque chose, une croix ou un coq, sans doute.

Dans le lointain il y a des montagnes, oh ! pas bien méchantes, de gentilles petites collines coquettement barriolées ainsi qu'une palette de peintre.

Et, tout autour, il y a des arbres et encore des arbres, de jolis arbres que l'automne, légèrement, a parsemés d'or.

Vous le voyez, cela est très gentil ; on y aperçoit même des poteaux télégraphiques, l'œil rouge d'un disque et, contre un mur, j'ai lu cette inscription : *Liberté, Egalité, Fraternité.*

Vite, je cherchai le « petit endroit » où l'on déjeune fort bien à très bon compte. Cela ne fut point du tout aisé, car les petits endroits abondent le long de la route, tous, d'ailleurs, d'agréable tournure et d'enseigne engageante : *A l'arrivée des Touristes* (!) *Bar des Amis, Hôtel du Commerce, Café de la Pédale, Restaurant des Tramways* — car, l'ai-je dit ? il y a un tramway, un joli tramway venant de la ville — *Café de la Mairie*, et enfin, tout au bout, *Au Rendez-vous des Cyclistes.*

Je ne suis point cycliste et n'avais — hélas ! — nul rendez-vous par ici. Quand même je me décidai, car ma nonchalance répugne aux longues besognes et puis l'enseigne du *Rendez-vous des Cyclistes* s'agrémentait d'explications complémentaires fort prometteuses : *Salle de société — Friture du Rhône — Tonnelles et saucissons de campagne...*

Dans la « Salle de société » je m'installai sans bruit, intimidé presque par le silence.

Là aussi, c'est très gentil ; il y a des tables bien cirées, pas mal de chaises et, tout au fond, un meuble bizarre que je pris d'abord pour une « toilette » mais qui doit être un piano.

La tapisserie est fort originale et long-temps elle m'intéressa : Dans un paysage accidenté, un affreux sanglier, que lancine une meute multicolore, franchit d'abominables précipices, tandis que d'impitoyables chasseurs, vêtus de rouge, braquent sur lui des fusils monumentaux.

Ils doivent être très maladroits, ces chasseur, car je remarquai que plusieurs malheureux chiens gisaient sur le sol ensanglanté.

Un personnage, cependant, me fit oublier l'horreur de cette scène de carnage.

Il n'est pas armé, l'excellent homme. Il se contente d'être enserré dans un cor de chasse qui doit être beaucoup trop étroit, car cela fait gonfler ses joues et son cou de façon extraordinaire.

*_**

Avez-vous remarqué comme, à la campagne, les moindres choses prennent un aspect particulier et attachant pour l'esprit ?

Contre la muraille, près de ma table, une

afiche retient, elle aussi, mon attention, durant de longs instants.

Elle est, d'ailleurs, artistement imprimée en
bleu et représente les pièces de monnaie que
l'on peut accepter et celles que l'on doit refuser.

Ce tableau est vraiment instructif et ingé-
nieux et aussi fort drôle je vous assure.

C'est prodigieux, savez-vous, le nombre
de bonnes pièces et même d'autres qui
ignorent mon porte-monnaie!

Soudain, il me sembla que toutes ces
têtes couronnées exécutaient un formidable
cake-walke, en un méli-mélo insensé de
pièces de cent sous et de cinquante centimes. J'essayai bien un instant de distinguer
encore les bonnes des mauvaises, mais toutes
s'évanouirent dans les ténèbres et mon front
alourdi par le demi-sommeil vint heurter
brutalement la table.

Le bruit qui résulta de cette désagréable
collision fit surgir une grosse matrone qui
parut quelque peu surprise de ma présence,
ou peut être de cette manière encore peu
usitée d'appeler quelqu'un.

— Ohé! madame l'hôtesse, criai-je pour
me ragaillardir, préparez-moi vite une dé-
licieuse friture du Rhône.

— Ça n'est pas le jour, Monsieur, y en a
que le dimanche.

— Sapristi!... Eh! bien, servez-moi quelques tranches de votre savoureux saucisson
de campagne.

— Vous tombez bien mal : il n'arrive de Lyon que le samedi soir.

— Ah ! diable... mais alors ?

— Je peux toujours vous faire une côtelette.

— C'est une idée.

— Si je n'étais pas seule, j'irais vous la chercher tout de suite... Enfin la bonne ne tardera pas à rentrer.

— Ah ! la bonne...

— Oui, elle est aux provisions à Lyon. Elle doit revenir par le premier tram... d'ici une petite heure.

— Hein ?... Est-il loin le boucher ? Je vais chercher ma côtelette.

Déjà je fuyais, la patronne me lança :

— Dites donc, si vous vouliez, des fois, une omelette ?

— Parbleu !

— Eh ! bien, apportez donc quelques œufs de chez l'épicier !...

J'allai chez l'épicier, puis chez le boulanger, dans une petite ruelle qui monte et, au retour, des chiens me suivirent flairant mes poches.

— Vous comprenez, m'expliquait l'hôtesse, tandis que je mastiquais courageusement ; la semaine y a pas des tas de monde par là. Vous devriez venir un dimanche ; le dimanche c'est gai, c'est...

— C'est « très gentil » ?

— Eh ! oui, c'est plein partout. Il vient de

la ville beaucoup de jeunes gens comme il
faut et des dames très bien. Ça mange, ça
boit, ça s'amuse, ça danse...

— « Ça danse aussi » ?

— Pour sûr, là-bas dans les jardins, vous
irez voir. Et puis le soir tout ça s'en va bras
dessus, bras dessous en chantant. Y faut
bien que jeunesse se passe.

— Evidemment... Donnez-moi une bouteille.

— Des fois même, les parents viennent
aussi et suivent par derrière... c'est bien
gentil...

— Sans doute... Avez-vous du café ?

— Non... mais je vas vous en faire.

A la campagne, la conversation est ex-
quise parce que sans façon.

Je suivis la grosse dame en sa cuisine
tout en devisant agréablement.

Elle emplit de grains de café un moulin
qu'elle posa sur la table en disant :

— Vous avez ben un moment ; faut que
je tire la lessive.

Puis, ayant découvert une immense marmite d'où s'échappa une buée intense qui
emplit toute la maison, elle se mit en devoir,
les manches haut retroussées, d'en extirper
toutes les pièces de son trousseau, tordues et
fumantes.

Chemises, jupons, camisoles sortirent tour
à tour de la bouillante garde-robe.

Cependant, par contenance, je m'étais

emparé du moulin à café et je tournais, je
tournais.

— Ah ! ah ! riait la commère dans son
nuage de vapeur, vous avez toute la peine ;
mais pendant que vous y êtes, vous pouvez
bien en moudre un peu plus... j'en prendrai
tout de même une tasse !

Le café d'ailleurs fut excellent et je con-
fesse avoir éprouvé un intime et coupable
sentiment d'orgueil en songeant que j'étais
pour quelque chose dans sa fabrication.

L'hôtesse le humait béatement. La vapeur
de la marmite s'était refroidie sur sa large
face ; de petites gouttelettes se balançaient
au bout de son gros nez et tombaient ensuite
dans la tasse eu faisant des ronds sur le
liquide noir.

— Tout de même, ce Ladermann...

J'esquival le palpitant récit qui s'annon-
çait et m'enfuis vers les tonnes.

Là encore, c'était fort gentil.

Les jeunes gens comme il faut et les
dames très bien doivent affectionner ces
retraites de verdure où il est doux de s'at-
tarder.

Longtemps je contemplai, attendri, le bois
grossier des tables sur lequel l'amour, aidé
d'un couteau de cuisine, a tracé des noms
chéris et des dates mémorables :

*Pierre, Josephine — A toi toujours, 4 mai
1903. — Coco-Lili, 27 juin. — Adélaïde,
22 avril.*

Tout cela ne fleure-t-il pas le printemps ?

Des cœurs déçus ont buriné, eux aussi, d'autres inscriptions dont la trivialité même sent l'amertume et dans lesquelles il y a de grosses choses pour celui qui lira...

Songeur, j'errai dans les « jardins » où il y a une escarpolette sur laquelle un moineau était posé, silencieux.

A terre j'aperçus une épingle à cheveux et un bouton de culotte : la danse avait dû être fort animée en cet endroit.

— Pas vrai que c'est gentil ici, souriait l'hôtesse ; venez donc dimanche, hein, c'est entendu ?

Puis, clignant de l'œil, elle ajoutait, bonnasse, me poussant du coude.

— Nous ferons une valse ensemble !...

Comme le soleil baissait, une grande mélancolie m'envahit.

Et je m'en allai.

Non, décidément, ça n'était pas la campagne, car, au retour, mes souliers ne constatèrent point le long des routes le passage des bonnes vaches tranquilles...

Et, presque, je le regrettai, savez-vous.

Octobre 1903.

LYON

Imprimerie P. Legendre & Cⁱᵉ

14, rue Bellecordière, 14

—

1904